AF445224

La importancia de la opinión pública ante la reforma del Poder Judicial en materia de administración y procuración de justicia. Caso: México

ENRIQUE DE LA PARRA

ÍNDICE

1. INTRODUCCIÓN

En el ámbito de las políticas públicas y el diseño legislativo, el papel de la opinión pública ha cobrado una importancia crucial en la configuración y la implementación de reformas significativas. La reforma judicial de 2024 en México no es una excepción. En un contexto marcado por escándalos de corrupción, ineficiencia institucional y una creciente crisis de confianza en el sistema judicial, la demanda de una transformación estructural profunda ha sido un clamor constante de la ciudadanía.

Este estudio de caso examina cómo la presión de la opinión pública, amplificada por los medios de comunicación y las redes sociales, ha sido un motor esencial para la movilización social y la presión política que culminaron en la implementación de esta reforma. La reforma judicial de 2024 busca no solo mejorar la eficiencia y transparencia del sistema judicial, sino también fortalecer la independencia judicial y combatir la infiltración del narcotráfico y la corrupción en las instituciones judiciales.

La relevancia de este análisis radica en comprender las dinámicas entre la sociedad civil y el Estado en la elaboración de políticas públicas, pues destaca cómo la percepción y participación ciudadana pueden influir en decisiones de gran calado. Al estudiar la reforma judicial de 2024, se pretende ofrecer una visión crítica y detallada de los desafíos y oportunidades que presenta la implementación de cambios estructurales en un contexto de alta presión social y política.

Este documento se basa en una revisión exhaustiva de informes académicos, artículos de prensa y documentos oficiales, para proporcionar un análisis profundo y detallado de los factores que motivaron la reforma, las medidas implementadas y los retos futuros. Al hacerlo, se espera contribuir a una comprensión más amplia del impacto de la opinión pública en la transformación del sistema judicial en México, y ofrecer lecciones valiosas para futuros esfuerzos de reforma en otras jurisdicciones.

2. CONTEXTO Y ANTECEDENTES

Contexto histórico

La evolución del sistema judicial en México tiene sus raíces profundas en la época colonial. A continuación, se presenta un resumen de los eventos clave que marcaron el desarrollo del Poder Judicial en México durante y después de la Colonia.

La época colonial y la formación del sistema judicial en México

El sistema judicial en México tiene sus raíces en la época colonial, cuando el territorio que hoy conocemos como México formaba parte del Imperio Español. Durante este periodo, la administración de justicia se basaba en las leyes y estructuras importadas desde España, adaptadas a las realidades locales.

En el siglo XVI, con la Conquista de México, se instauraron las primeras instituciones judiciales coloniales. La máxima autoridad judicial era la Real Audiencia, un tribunal superior que combinaba funciones administrativas y judiciales. Este tribunal era responsable de la aplicación de la ley y la resolución de conflictos, y funcionaba bajo la supervisión directa del rey de España a través del Consejo de Indias.[1]

La estructura judicial colonial también incluía tribunales locales y menores, como los corregidores y alcaldes mayores, quienes administraban justicia en sus respectivas jurisdicciones. Estos funcionarios eran nombrados por el virrey y tenían la facultad de resolver disputas menores y aplicar las leyes a nivel local.[2]

El sistema judicial colonial estaba caracterizado por su centralización y la fuerte influencia de la Corona española. Las leyes aplicadas en Nueva España eran, en su mayoría, una adaptación de las leyes castellanas, complementadas por la legislación indiana, que incluía las Leyes de Indias, diseñadas específicamente para las colonias americanas.[3] Estas leyes buscaban regular las relaciones entre españoles, indígenas y mestizos, y tenían un enfoque particular en la protección de los derechos de los indígenas, aunque su aplicación en la práctica fue limitada y frecuentemente sesgada en favor de los colonizadores.[4]

Con el paso del tiempo, surgieron críticas hacia el sistema judicial colonial por su corrupción, burocracia

---

[1] Felipe López Contreras, *Evolución histórica del Poder Judicial de la Federación* (México: Suprema Corte de Justicia de la Nación, 2004), 12.

[2] López Contreras, *Evolución histórica*, 14.

[3] Ibid., 16.

[4] Ibid., 18.

y falta de acceso a la justicia para las clases bajas y los indígenas. Estas críticas sentaron las bases para las demandas de reformas que se intensificaron en el periodo independentista.

La Independencia y la formación del sistema judicial

Con la Independencia de México, surgió la necesidad de establecer un sistema judicial que reflejara los nuevos ideales de la nación. La transición no fue inmediata, y durante los primeros años de vida independiente, muchas de las instituciones coloniales permanecieron en funcionamiento:

1. *El Plan de Iguala (1821)*. Tras el triunfo del Plan de Iguala, se mantuvieron las autoridades judiciales existentes por decreto del 5 de octubre de 1821.
2. *La Constitución de Apatzingán (1814)*. Aunque no tuvo vigencia práctica, fue un intento significativo de establecer un marco legal y judicial durante la lucha por la Independencia.
3. *El Acta Constitutiva de la Federación (1824)*. Este documento fue crucial en la organización del sistema judicial. El Congreso depositó el ejercicio del Poder Judicial en una Corte Suprema de Justicia y en los tribunales establecidos en cada estado.
4. *La Constitución Federal de 1824*. Promulgada el 4 de octubre de 1824, esta Constitución ratificó y amplió el capítulo del Acta Constitutiva referente a la Corte Suprema, estableciendo un sistema de

gobierno republicano federal basado en la separación de poderes.

5. *Leyes Constitutivas (1835).* Durante el período centralista, las Leyes Constitutivas, conocidas como las "Siete Leyes", reformaron el sistema judicial y la estructura del gobierno.

6. *Acta de Reformas de 1847.* Este documento reafirmó la Constitución de 1824 con reformas importantes. Introdujo el juicio de amparo, propuesto por Mariano Otero, que se convirtió en una salvaguardia de las libertades humanas y una característica distintiva del derecho público mexicano.

La formación del sistema judicial en México fue un proceso complejo que involucró la adaptación de instituciones coloniales y la creación de nuevas estructuras legales para satisfacer las necesidades de una nación independiente.

*Evolución del sistema judicial mexicano en el
siglo xx, avances y retrocesos*

El siglo xx fue testigo de transformaciones significativas en el sistema judicial mexicano, marcado tanto por avances cruciales, como por persistentes dificultades. Desde las primeras décadas del siglo, México experimentó una serie de reformas judiciales destinadas a consolidar un sistema de justicia más independiente y eficiente. Sin embargo, estos esfuerzos también enfrentaron diversos retos que limitaron su impacto inmediato.

En las primeras décadas del siglo xx, uno de los avances más notables fue la introducción y el fortalecimiento del juicio de amparo. Este mecanismo, establecido en la Constitución de 1857 y refinado en la de 1917, permitió a los ciudadanos mexicanos impugnar actos de autoridad que violaran sus derechos constitucionales. El juicio de amparo se convirtió en una herramienta vital para la protección de los derechos humanos en México, y su evolución durante el siglo xx reflejó el compromiso del país con la defensa de las libertades individuales.[5]

Las reformas de 1994 marcaron otro hito en la historia del Poder Judicial mexicano. Estas reformas incluyeron la creación del Consejo de la Judicatura Federal, un organismo encargado de la administración, vigilancia y disciplina del Poder Judicial de la Federación. La creación del Consejo representó un esfuerzo concertado por garantizar la independencia y la imparcialidad del sistema judicial, reduciendo la influencia política y promoviendo la profesionalización de los jueces.[6] Este cambio fue crucial para mejorar la eficiencia y la transparencia dentro del Poder Judicial, aunque su implementación completa encontró obstáculos debido a la resistencia de sectores acostumbrados a prácticas arraigadas de corrupción y nepotismo.

A pesar de estos avances, el sistema judicial en México también enfrentó numerosas dificultades a lo largo del siglo xx. La corrupción dentro del Poder Judicial fue una preocupación constante, que afectó la percepción pública de la justicia y minó la confianza en las instituciones judiciales. Casos de jueces y magistrados involucrados en actos de corrupción, así como la falta de transparencia en los procesos judiciales, contribuyeron a una imagen negativa del sistema judicial mexicano.[7] Estos problemas

[5] Ibid., 25-30.
[6] Ibid., 45-50.
[7] Jorge Enrique Carvajal Martínez, Carlos Arturo Hernández Díaz y

se vieron exacerbados por la limitada autonomía judicial en ciertas regiones del país, donde el poder político y económico local ejercía una influencia significativa sobre las decisiones judiciales.

La implementación de reformas también fue un desafío debido a la complejidad del sistema legal y la falta de recursos adecuados. La capacitación insuficiente de jueces y funcionarios judiciales, junto con la infraestructura inadecuada, dificultaron la aplicación efectiva de las nuevas políticas y procedimientos judiciales. Además, la sobrecarga de casos en los tribunales y los largos tiempos de espera para la resolución de litigios reflejaron las limitaciones operativas del sistema judicial, subrayando la necesidad de reformas continuas y sostenibles.[8]

En resumen, el siglo XX fue un periodo de avances importantes y dificultades persistentes para el Poder Judicial en México. Las reformas clave, como el fortalecimiento del juicio de amparo y la creación del Consejo de la Judicatura Federal, representaron pasos significativos hacia la construcción de un sistema judicial más independiente y eficiente. No obstante, los desafíos relacionados con la corrupción, la autonomía judicial y la implementación de reformas destacaron las complejidades inherentes a la evolución del sistema judicial en México. Estos elementos conforman el contexto histórico que antecede a la propuesta de reforma judicial en 2024, los cuales subrayan la importancia de abordar tanto los éxitos, como las dificultades del pas-

José Eduardo Rodríguez Martínez. "La corrupción y la corrupción judicial: Aportes para el debate". *Prolegómenos* 22, no. 44 (2019): 67-82.

[8] Gabriel L. Negretto, ed., *Debatiendo la reforma política: claves del cambio institucional en México*, Vol. 7 (México: CIDE, 2014).

ado para construir un sistema de justicia más robusto y equitativo en el futuro.

Deficiencias del sistema judicial

El sistema judicial mexicano ha sido objeto de múltiples reformas en las últimas décadas, pero a pesar de estos esfuerzos, persisten graves problemas que afectan su eficacia y credibilidad. Este análisis aborda los principales desafíos estructurales y operativos del sistema judicial en México, con base en un artículo académico que proporciona una visión crítica y detallada de estas dificultades. Los problemas identificados incluyen la corrupción, la falta de profesionalización, la ineficiencia operativa y la insuficiencia de recursos, entre otros.

Problemas estructurales

Uno de los problemas más profundos del sistema judicial mexicano es la ausencia de un verdadero servicio civil de carrera y de políticas públicas de largo plazo bien instrumentadas. La constante rotación de cuadros de mando político y administrativo, junto con la falta de mecanismos operativos de rendición de cuentas, dificulta el funcionamiento normal de las instituciones judiciales. Esta falta de continuidad y profesionalización en los mandos medios y altos contribuye a la ineficacia en la implementación de reformas y en la administración de justicia.[9]

[9] P. Abrams, A. Gupta y T. Mitchell, *Antropología del Estado* (México: FCE, 2015).

Corrupción

La corrupción es un problema endémico que permea todos los niveles del sistema judicial mexicano. Desde jueces hasta funcionarios de menor rango, la corrupción socava la confianza pública en la justicia y permite que prevalezcan intereses particulares sobre el bien común. Este fenómeno no solo retrasa los procesos judiciales, sino que también distorsiona la imparcialidad de los fallos, afectando gravemente la percepción de justicia entre la ciudadanía.[10]

Ineficiencia operativa

La ineficiencia operativa se manifiesta en la sobrecarga de trabajo y la lentitud de los procedimientos judiciales. Los tribunales suelen estar abrumados con un número excesivo de casos, lo que genera demoras significativas en la resolución de estos. Además, la falta de personal capacitado y la infraestructura inadecuada contribuyen a que los procesos judiciales se alarguen, lo cual incrementa la percepción de impunidad y desconfianza en el sistema.[11]

[10] A. Armesto y J. Olmeda, "Estrategias de interacción ejecutivo-legislativo y patronazgo político subnacional en México", en *Poderes y democracias. La política subnacional en México*, editado por N. Loza y I. Méndez (México: Flacso México/IEDF, 2016), 93-112.

[11] E. Buscaglia, "Deficiencias principales en los sistemas de justicia: propuestas de medidas correctoras", en *El sistema de justicia penal y su reforma. Teoría y práctica*, 2a. ed. corregida, editado por S. González, E. Mendieta, E. Buscaglia y M. Moreno (México: Fontamara, 2006), 187-207.

Recursos insuficientes

El sistema judicial mexicano también enfrenta una crónica insuficiencia de recursos, tanto financieros como humanos. Esta falta de recursos impide la adecuada capacitación de los jueces y del personal judicial, así como la modernización de las instalaciones y el equipamiento necesario para un funcionamiento eficiente. La asignación insuficiente de presupuesto limita la capacidad de las instituciones para implementar reformas y mejorar sus servicios, lo cual perpetúa las deficiencias existentes.[12]

Los problemas que enfrenta el sistema judicial mexicano son multifacéticos y están profundamente arraigados en su estructura y operación. Abordar estos desafíos requiere no solo reformas legislativas, sino también un compromiso real por parte de las autoridades y la sociedad para fomentar la transparencia, la rendición de cuentas y la profesionalización del servicio judicial. Solo a través de un esfuerzo concertado y sostenido será posible construir un sistema de justicia que inspire confianza y garantice la equidad y la eficacia en la administración de justicia.

---

[12] A. Armesto y J. Olmeda, *Estrategias de interacción.*

3. PROPUESTAS ANTERIORES

El sistema judicial mexicano ha experimentado diversas reformas a lo largo de su historia. Estas transformaciones han buscado fortalecer la independencia, eficacia y legitimidad del Poder Judicial. Las reformas más sobresalientes en la historia del sistema judicial mexicano son las de 1987, 1994 y la llevada a cabo entre 2008 y 2016; se puede decir que, aunque importantes, estas reformas no han alcanzado su objetivo de darles fortaleza a las instituciones del Estado mexicano, situación que ha impulsado la implementación de un nuevo proceso de reforma en la federación mexicana.

La reforma de 1987

La reforma judicial en México de 1987 fue un cambio significativo que buscó construir un perfil de tribunal constitucional en la Suprema Corte de Justicia de la Nación. Aquí se presenta un resumen de sus características, alcances y deficiencias:

Perfil constitucional. La reforma se enfocó en transformar a la Suprema Corte en un tribunal constitucional, descargándola de muchos asuntos ordinarios, especialmente amparos directos.

Delegación de amparos. Se concedió a la Suprema Corte la facultad de delegar a los tribunales colegiados de circuito los amparos que solo implicaran cuestiones de legalidad.

Facultades ampliadas. La reforma otorgó mayores facultades a la Suprema Corte y al Poder Judicial de la Federación, incluyendo garantías y lineamientos mínimos para los poderes judiciales de las entidades federativas.[13]

Las deficiencias de la reforma no están detalladas en la información proporcionada, pero generalmente, las reformas judiciales pueden enfrentar desafíos como la implementación efectiva, la resistencia al cambio y la necesidad de recursos adicionales para su completa realización. Para una evaluación más detallada de las deficiencias, sería necesario analizar estudios y evaluaciones posteriores a la implementación de la reforma.

Contexto de la reforma de 1994

La reforma judicial de 1994 fue propuesta durante la presidencia de Ernesto Zedillo. Aunque se ha debatido ampliamente sobre la elección popular de jueces, otro aspecto crucial fue la modificación del Consejo de la Judicatura

---

[13] Héctor Fix-Fierro, "La reforma judicial en México: ¿De dónde viene? ¿Hacia dónde va?", *Reforma Judicial. Revista Mexicana de Justicia*, número 2 (2003): 252-253, https://repositorio.unam.mx/contenidos/22284.

Federal (CJF) y la creación de un tribunal de disciplina judicial.[14] Esta iniciativa transformó radicalmente el modelo de administración judicial en México.

Cambios principales

1. *Sustitución del CJF.* La reforma reemplazó al actual Consejo de la Judicatura Federal por un nuevo órgano de administración judicial independiente de la Suprema Corte de Justicia de la Nación (SCJN). Esto buscaba evitar concentraciones de poder y garantizar una mayor autonomía.
7. *Tribunal de Disciplina Judicial.* Se creó un tribunal específico para abordar cuestiones disciplinarias dentro del Poder Judicial. Esto permitiría una supervisión más efectiva y transparente de la conducta de los jueces.

Opinión ponderada

La reforma de 1994 generó debates sobre su legitimidad y efectividad. Algunos la consideraron un "golpe de Estado" debido a la rapidez con la que se aprobó.[15] Sin embargo, es innegable que sentó las bases para un Poder Judicial más moderno y autónomo.

[14] Guillermo Ruiz Morales y Alberto Rocha Arrieta, "La reforma al Poder Judicial de 1994, ¿un golpe de Estado?" *El Cotidiano*, núm. 172 (marzo-abril de 2012): 18-31.
[15] Ruiz Morales y Rocha Arrieta, "La reforma al Poder Judicial", 18-31.

La historia de las reformas judiciales en México es compleja y multifacética. La de 1994 fue un hito que impactó no solo en la administración judicial, sino también en los principios constitucionales. A pesar de las críticas, su legado perdura y sigue siendo objeto de análisis y debate.

En resumen, la reforma de 1994 marcó un antes y un después en la historia del sistema judicial mexicano, y su estudio nos permite comprender mejor los desafíos y logros en la búsqueda de una justicia más eficiente y equitativa.

4. CONTEXTO POLÍTICO Y SOCIAL

El período de 2020 a 2024 en México estuvo marcado por una serie de desafíos políticos y sociales que influyeron significativamente en la dirección del país. Desde la pandemia de COVID-19 hasta las elecciones presidenciales, diversos factores impactaron la vida de los mexicanos y la estabilidad de las instituciones. A continuación, analizaremos algunos de los aspectos clave.

Crecimiento económico y desafíos

Recuperación post-pandemia

- La economía mexicana experimentó una recuperación gradual después del impacto inicial de la pandemia de COVID-19. Aunque se registraron tasas de crecimiento positivas, estas fueron moderadas debido a la incertidumbre global y las restricciones sanitarias.[16]

- El crecimiento estuvo influenciado por factores como la demanda interna, la inversión y las exportaciones, así como por la implementación del T-MEC (Tratado entre México, Estados Unidos y Canadá).

Estabilidad fiscal y deuda pública

- La política fiscal en México logró mantener la deuda pública bajo control durante este período. Se mantuvieron objetivos fiscales sólidos y se evitó un aumento significativo en la deuda.[17]
- Sin embargo, persistieron desafíos en la recaudación de impuestos, lo que limitó la capacidad para financiar inversiones en áreas clave.

Potencial de atracción de inversiones

- México tiene un gran potencial para atraer inversiones de empresas que buscan reubicar sus operaciones en América del Norte. La

---

[16] OECD, "Resumen ejecutivo - México 2024", Issuu, 27 de febrero de 2024,
https://issuu.com/oecd.publishing/docs/mexico_brochure_2024_sp.
Véase el estudio completo en: OECD, *OECD Economic Surveys: Mexico 2024* (Paris: OECD, 2024),
https://doi.org/10.1787/b8d974db-en.
[17] OECD. "Resumen ejecutivo".

entrada en vigor del T-MEC y la ubicación estratégica del país son factores atractivos para los inversores.[18]

- La diversificación de las cadenas de suministro y la promoción de la inversión extranjera directa son áreas de oportunidad para impulsar el crecimiento económico.

Desafíos económicos

Incertidumbre global

- La economía mexicana enfrentó incertidumbre debido a factores externos, como las tensiones comerciales entre Estados Unidos y China, así como la volatilidad en los mercados financieros globales.
- Las decisiones de política económica debieron considerar este contexto incierto para mantener la estabilidad y fomentar el crecimiento.

Desigualdad y pobreza

- A pesar de los esfuerzos, la desigualdad y la pobreza persistieron en México. La pandemia exacerbó estas brechas, afectando especial-

[18] Ibid.

mente a los sectores más vulnerables de la población.

- La inversión en programas sociales, educación y salud se convirtió en un desafío crucial para abordar estas problemáticas estructurales.

Dependencia del petróleo

- La economía mexicana sigue siendo dependiente de los ingresos petroleros. La caída en los precios del petróleo afectó los ingresos fiscales y la inversión pública.[19]
- Diversificar la economía y reducir la dependencia del petróleo se convirtió en una prioridad para garantizar la sostenibilidad a largo plazo.

En resumen, el crecimiento económico en México durante los años 2020 a 2024 estuvo condicionado por factores internos y externos. A pesar de los desafíos, el país tiene oportunidades para fortalecer su economía, atraer inversiones y abordar las desigualdades persistentes.

Violencia e inseguridad

La violencia y la inseguridad continuaron siendo un problema persistente. Los enfrentamientos entre grupos delictivos, la lucha contra el narcotráfico y la violencia

---

[19] Banco de México, "Informe económico trimestral: primer trimestre de 2024", Banco de México, https://www.oecd.org/en/topics/sub-issues/economic-surveys/mexico-economic-snapshot.html.

en las calles afectaron la calidad de vida de los ciudadanos. La falta de resultados efectivos en la estrategia de seguridad pública generó preocupación y descontento social.

Relaciones con Estados Unidos y migración

La relación bilateral con Estados Unidos fue crucial durante este período. La implementación del T-MEC y la cooperación en temas migratorios fueron temas centrales. El aumento de migrantes que atravesaban México para llegar a Estados Unidos planteó desafíos en la gestión fronteriza y la protección de los derechos humanos.

Cambios en política interna

El gobierno de Andrés Manuel López Obrador (AMLO) continuó implementando reformas en áreas como la educación, la salud y la energía. Sin embargo, estas medidas también generaron controversia y resistencia. La 4T (Cuarta Transformación) buscó cambios profundos en la estructura política y social, pero enfrentó críticas y desafíos de diversos sectores.

Elecciones y participación ciudadana

Las elecciones intermedias de 2021 fueron cruciales para definir la composición del Congreso. La participación ciudadana y la consolidación de la democracia fueron temas relevantes. La polarización política y la necesidad de fortalecer las instituciones electorales estuvieron en el centro del debate público.

Precedentes internacionales

En este rubro, podemos considerar aquellos ejemplos de reformas judiciales en otros países que puedan haber influido en la decisión de llevar a cabo cambios en México. ¿Qué lecciones se pueden extraer de experiencias similares?

Marco legal

Descripción de la reforma

La reforma al sistema judicial mexicano en 2024 propone cambios significativos en la estructura y funcionamiento del Poder Judicial, con el objetivo de mejorar la eficiencia, transparencia y legitimidad democrática. Aquí hay un resumen de los puntos clave:

- *Nueva integración de la scjn.* Se busca reducir el número de ministros de 11 a 9, así como el periodo de su encargo, de 15 a 12 años.[20] Además, se eliminarán las dos Salas y las sesiones serán públicas.

[20] Presidencia de la República, "Reforma al Poder Judicial. Gobierno de México", publicado el 12 de febrero de 2024, https://www.gob.mx/cms/uploads/attachment/file/892010/REFORMA_AL_PODER_JUDICIAL__2_CS.pdf.

- *Elección popular.* Los ministros, magistrados y jueces serán elegidos por voto popular a partir de candidaturas paritarias propuestas por los tres Poderes de la Unión.
- *Sustitución del CJF.* Se propone reemplazar el Consejo de la Judicatura Federal por órganos administrativos y disciplinarios independientes.
- *Nuevas reglas procesales.* Se establecen plazos máximos para la resolución de asuntos fiscales y penales, y se prohíben suspensiones contra leyes con efectos generales.[21]

Estas reformas implican modificaciones a la Constitución, especialmente en lo que respecta a la composición y elección de los miembros del Poder Judicial. Sin embargo, el documento no especifica cuáles artículos constitucionales se modificarían, por lo que no puedo proporcionar detalles sobre las disposiciones constitucionales exactas sin acceso a más información. Para una cita completa en estilo Chicago, sería necesario tener los detalles de publicación del documento, que no están disponibles en el contexto proporcionado.

Véase reforma completa en: Cámara de Diputados. "Reforma, adiciona y deroga diversas disposiciones de la Constitución Política de los Estados Unidos Mexicanos, en materia de reforma del Poder Judicial. Presentada por el Ejecutivo Federal", publicado el 5 de febrero de 2024, Gaceta Parlamentaria, https://gaceta.diputados.gob.mx/PDF/65/2024/feb/20240205-15.pdf#page=2.

[21] Presidencia de la República, "Reforma al Poder Judicial".

5. DESCRIPCIÓN DE LA REFORMA DEL SISTEMA JUDICIAL 2024 EN MÉXICO

La reforma judicial propuesta en México en 2024 ha suscitado una gran cantidad de debates entre juristas, académicos y la sociedad en general. La iniciativa del Ejecutivo Federal para modificar diversos aspectos estructurales y funcionales del Poder Judicial se presenta como una respuesta a los desafíos históricos y contemporáneos que enfrenta el sistema judicial mexicano. Sin embargo, una mirada crítica revela que la reforma podría estar orientada más hacia el control político, que hacia la mejora de la administración de justicia.

Históricamente, el sistema judicial mexicano ha pasado por diversas transformaciones desde la época colonial, hasta nuestros días. En el siglo XX, se realizaron importantes reformas para consolidar la independencia judicial y mejorar la administración de justicia. No obstante, el Poder Judicial ha enfrentado constantes desafíos, incluyendo la corrupción, la impunidad y la falta de acceso a una justicia equitativa y oportuna.

La reforma de 2024 introduce cambios significativos, como la reducción del número de ministros en la

Suprema Corte de Justicia de la Nación, la eliminación de las dos Salas y la implementación de elecciones populares para jueces y magistrados. Estos cambios, aunque presentados como medidas para democratizar y agilizar la justicia, plantean serias preocupaciones sobre la verdadera independencia judicial. La inclusión del Ejecutivo y el Legislativo en la propuesta de candidatos a jueces y magistrados podría comprometer la autonomía del Poder Judicial, diluyendo el principio de división de poderes fundamental para una democracia efectiva.

Además, la creación de un Tribunal de Disciplina Judicial y un Órgano de Administración Judicial introduce nuevas capas de control y supervisión, pero no aborda de manera directa los problemas estructurales y sistémicos que aquejan al sistema judicial. La corrupción y el nepotismo, problemas endémicos en el sistema judicial mexicano, podrían no ser solucionados simplemente mediante nuevas estructuras de supervisión, especialmente si estas están influenciadas por otros poderes del Estado.

La reforma también establece plazos máximos para la resolución de asuntos fiscales y penales, lo cual, en teoría, podría acelerar los procesos judiciales. Sin embargo, la falta de recursos y la sobrecarga de trabajo de los jueces podrían convertir esta medida en un nuevo punto de presión que comprometa la calidad de las resoluciones judiciales. La justicia expedita no debe comprometer la justicia adecuada; un sistema judicial eficiente requiere tanto celeridad, como profundidad en el análisis y resolución de casos.

Un aspecto notablemente ausente en la reforma es la mención de la tutela judicial efectiva y el derecho humano al acceso a la justicia. En lugar de centrarse en cómo mejorar estos aspectos esenciales, la reforma parece priorizar la redistribución del poder dentro del Estado. Esta omisión es preocupante, ya que la tutela judicial efectiva es fundamental para garantizar que todos los ciudadanos tengan la capacidad de hacer valer sus derechos ante los tribunales.

La reforma judicial propuesta en México en 2024, aunque incluye algunos elementos innovadores como la elección popular de jueces, plantea más preguntas que respuestas sobre su impacto real en la justicia. La interferencia de otros poderes del Estado en la selección de jueces y magistrados, la creación de nuevos órganos de control sin una estrategia clara para combatir la corrupción y la falta de enfoque en el acceso a la justicia y la tutela judicial efectiva, sugieren que la reforma podría estar más orientada hacia el control político que hacia la mejora sustantiva del sistema judicial. En este sentido, es crucial que cualquier reforma al sistema judicial no solo promueva la eficiencia y la transparencia, sino que también fortalezca la independencia judicial y garantice el acceso equitativo a la justicia para todos los ciudadanos.

6. OPINIÓN PÚBLICA Y SU IMPORTANCIA

La influencia de la opinión pública en las decisiones de políticas públicas en México es un tema crucial y multifacético, pues refleja tanto las complejidades de la democracia moderna, como las dinámicas particulares de la política mexicana. En este análisis crítico, se explora cómo la opinión pública impacta la formulación y ejecución de políticas públicas, con un enfoque particular en el contexto mexicano.

Históricamente, la opinión pública ha jugado un papel fundamental en la configuración de las políticas públicas. En las democracias contemporáneas, los gobiernos están, en teoría, obligados a responder a las demandas y preocupaciones de la ciudadanía. Esta interacción es esencial para la legitimidad democrática, ya que permite a los ciudadanos participar en la toma de decisiones y asegura que las políticas reflejen sus intereses y valores. En México, la transición a la democracia en las últimas décadas ha intensificado esta dinámica, haciendo que la opinión pública sea un factor cada vez más influyente en la política.

Un ejemplo destacado es el papel de la opinión pública en la definición de la agenda política. Los medios de comunicación y las encuestas de opinión desempeñan un papel decisivo al moldear las percepciones públicas y al priorizar ciertos temas sobre otros. Según investigaciones, los medios no solo diseminan información, sino que también actúan como agentes activos en la formación de la opinión pública, lo cual a su vez influye en la agenda política y en las decisiones gubernamentales.[22] En México, la cobertura mediática de temas como la corrupción, la inseguridad y las reformas económicas ha sido determinante para mantener estos asuntos en el centro del debate público y político.

La influencia de la ciudadanía se manifiesta también en la implementación de políticas públicas. Las autoridades deben ser sensibles a las percepciones y demandas de la ciudadanía para mantener su legitimidad y apoyo. Por ejemplo, durante la pandemia de COVID-19, las políticas de salud en México se ajustaron en respuesta a las reacciones y preocupaciones de los ciudadanos, lo cual evidenció cómo la opinión pública puede moldear directamente las decisiones políticas en contextos críticos.[23]

No obstante, resulta crucial reconocer las limitaciones y desafíos asociados con la influencia de la opinión ciudadana. La volatilidad y la desinformación pueden llevar a decisiones impulsivas o mal fundamentadas. La opinión pública no siempre refleja un conocimiento profundo o matizado de los problemas complejos que enfrentan los

---

[22] Rodrigo Morales Castillo y Jorge A Schiavon, "El efecto de la opinión pública en la política exterior de México: contrastando las teorías realistas y liberales", *Foro internacional* 55, no. 3 (2015): 669-706.
[23] Rafael Velázquez Flores y Jorge A. Schiavon, *La incidencia de la opinión pública en la política exterior de México: Teoría y realidad* (México: Centro de Investigación y Docencia Económicas, 2010).

formuladores de políticas. Además, los intereses de grupos particulares y la manipulación mediática pueden distorsionar las verdaderas preocupaciones y prioridades de la ciudadanía.[24]

En conclusión, la opinión pública en México ejerce una influencia significativa en las decisiones de políticas públicas, pues refleja las aspiraciones y preocupaciones de la ciudadanía. Esta influencia es impulsada por los medios de comunicación y las encuestas, y se manifiesta tanto en la definición de la agenda política, como en la implementación de políticas específicas. Sin embargo, esta dinámica también presenta desafíos, incluyendo la necesidad de una ciudadanía bien informada y de mecanismos que eviten la manipulación de la opinión pública. Por tanto, resulta fundamental que los formuladores de políticas y los medios de comunicación trabajen en conjunto para asegurar que la opinión pública contribuya constructivamente al proceso democrático y a la formulación de políticas efectivas y justas.

[24] Gunter Gadea Barberena, "El papel de la opinión pública en la definición de la agenda política mexicana: Caso Reforma" (tesis de maestría, Universidad Iberoamericana Ciudad de México. Departamento de Comunicación, 2005).

7. IMPACTO DE LA OPINIÓN PÚBLICA EN LA REFORMA JUDICIAL

La influencia de la opinión pública en las decisiones de políticas públicas, particularmente en la reforma judicial en México, es un fenómeno complejo y multifacético que refleja la intersección entre el derecho, la política y la sociedad civil. La opinión pública no solo actúa como un barómetro de las percepciones sociales, sino que también puede ser un catalizador para el cambio estructural y legislativo.

La opinión pública como motor de cambio

Históricamente, la opinión pública en México ha desempeñado un papel significativo en la configuración de políticas públicas. Desde el movimiento estudiantil de 1968, hasta las protestas recientes contra la corrupción y la violencia, la voz del pueblo ha demostrado ser un factor determinante en la agenda política. La demanda de transparencia, justicia y rendición de cuentas ha obligado a los gobiernos a implementar reformas que respondan a las expectativas ciudadanas.

En el contexto de la reforma judicial, la opinión pública ha sido decisiva. Las críticas constantes hacia la corrupción, la impunidad y la ineficiencia del sistema judicial han creado un clima de urgencia para una transformación profunda. La presión social ha empujado a los legisladores y a las autoridades judiciales a considerar cambios estructurales significativos. Por ejemplo, el caso Ayotzinapa y otros casos emblemáticos de injusticia han movilizado a la sociedad civil y han generado un clamor por una justicia más transparente y accesible.[25]

La interacción entre los medios y la percepción pública

Los medios de comunicación juegan un papel esencial en la formación de la opinión pública. En México, los medios han sido tanto una herramienta de denuncia, como de manipulación. La cobertura mediática de los casos de corrupción judicial, los fallos polémicos y los abusos de poder han influido en la percepción pública del sistema judicial. La narrativa mediática a menudo moldea la opinión ciudadana, creando una percepción de urgencia que puede acelerar el proceso de reforma.

Los movimientos sociales y las Organizaciones No Gubernamentales (ONGs) también utilizan los medios para amplificar sus demandas. La difusión de información a través de redes sociales y plataformas digitales

---

[25] Secretaría de Gobernación. Comisión Ayotzinapa, "Comisión para la verdad y acceso a la justicia del caso Ayotzinapa, https://comision-ayotzinapa.segob.gob.mx/.

ha permitido una mayor participación ciudadana y una mayor presión sobre las instituciones para responder a las demandas de cambio.[26]

Desafíos y oportunidades en la implementación de reformas

Sin embargo, la influencia de la opinión pública en la reforma judicial no está exenta de desafíos. La implementación efectiva de las reformas requiere no solo la voluntad política, sino también recursos adecuados y un enfoque estratégico para abordar las causas subyacentes de los problemas del sistema judicial. La presión pública puede llevar a soluciones rápidas que no aborden de manera integral los problemas estructurales, lo que podría resultar en reformas sin cambios sustanciales.

A pesar de estos desafíos, la opinión pública sigue siendo una fuerza poderosa para la rendición de cuentas y la transparencia. La participación de la ciudadanía en los procesos de reforma puede garantizar que las políticas implementadas reflejen las necesidades y expectativas del pueblo, promoviendo un sistema judicial más justo y eficiente.

En suma, la opinión pública en México ha sido un motor fundamental para la reforma judicial. A través de la movilización social, la presión mediática y la demanda de justicia, la sociedad ha influido significativamente

[26] Rodrigo Corrales Mejías, *Impacto de las redes sociales sobre la participación ciudadana en procesos electorales y la democracia: caso de Costa Rica* (Buenos Aires: CLACSO, 2015), https://biblioteca.clacso.edu.ar/clacso/becas/20150708062655/Impacto_Redes_Sociales.pdf.

en la agenda de políticas públicas. La clave para el éxito de estas reformas radica en la capacidad de las autoridades para canalizar esta presión en cambios estructurales profundos y sostenibles, que garanticen un sistema judicial que responda efectivamente a las necesidades de la población.

8. ESTUDIO DE CASO: REFORMA JUDICIAL 2024 EN LOS ESTADOS UNIDOS MEXICANOS

La reforma judicial de 2024 en México representa un esfuerzo significativo para abordar problemas estructurales de larga data en el sistema judicial del país. Este estudio de caso analiza los antecedentes, las motivaciones, el proceso de implementación y los impactos preliminares de la reforma. El análisis se fundamenta en una revisión exhaustiva de documentos oficiales, artículos académicos y reportes de medios de comunicación, así como en la perspectiva crítica de expertos en derecho y reformas judiciales.

Contexto histórico

El sistema judicial mexicano ha experimentado una evolución considerable desde la época colonial, pasando por la consolidación del Estado mexicano en el siglo XIX, hasta las reformas judiciales más recientes en el siglo XXI. A lo largo de su historia, el sistema judicial ha enfrentado múltiples desafíos, incluyendo la corrupción, la falta de independencia judicial y la ineficiencia operativa. Estas cuestiones han generado un creciente clamor por reformas que promuevan la transparencia, la rendición de cuentas y la justicia eficiente.

La transición democrática de México en las últimas décadas ha intensificado las demandas ciudadanas por un sistema judicial que refleje los valores de una democracia moderna. La opinión pública ha jugado un papel crucial en este proceso, influenciando las decisiones políticas y empujando a los legisladores a considerar cambios estructurales profundos.

Motivaciones para la reforma

La reforma judicial de 2024 en México encuentra su origen en un contexto de insatisfacción ciudadana creciente con respecto al desempeño del sistema judicial. Diversos factores han contribuido a este descontento, entre los que destacan escándalos de corrupción, casos emblemáticos de impunidad y una percepción generalizada de ineficiencia judicial. Estos elementos han actuado como catalizadores y han generado una demanda social por cambios estructurales profundos en el sistema de justicia.

Escándalos de corrupción y casos emblemáticos de impunidad

En años recientes, México ha sido testigo de numerosos escándalos de corrupción que han sacudido la confianza pública en las instituciones judiciales. Casos como el de Javier Duarte, exgobernador de Veracruz, y los vínculos de altos funcionarios con el crimen organizado han demostrado la penetración de la corrupción en los niveles más altos del poder judicial. Estos escándalos no solo han expuesto la corrupción sistémica, sino que también han resaltado la impunidad con la que operan muchos actores dentro del sistema judicial.[27]

La impunidad, entendida como la falta de consecuencias para aquellos que cometen delitos, ha sido otro factor crítico. Casos como el de los 43 estudiantes desaparecidos de Ayotzinapa han mostrado las fallas estructurales del sistema judicial para investigar y sancionar adecuadamente a los responsables. La falta de resultados en estos casos emblemáticos ha erosionado la confianza pública en la capacidad del sistema judicial para impartir justicia de manera imparcial y eficiente.[28]

Narcotráfico y Estado fallido en México

El narcotráfico y la percepción de un estado fallido han sido factores determinantes que han motivado la reforma judicial de 2024 en México. Desde finales del siglo XX y a lo largo del siglo XXI, el narcotráfico ha tenido un impacto devastador en el país, afectando no solo la seguridad pública, sino también la integridad de las instituciones judiciales. Los cárteles de drogas, con sus vastos recursos económicos y su poder de intimidación, han logrado infiltrar diversas esferas del gobierno, incluyendo

[27] "Corrupción y la crisis de confianza en México", *El Financiero* (consultado el 7 de julio de 2024), https://www.elfinanciero.com.mx/nacional/corrupcion-y-crisis-de-confianza-en-mexico/.
[28] "Caso Ayotzinapa y la impunidad en México", *El País*, 19 de marzo de 2024 (consultado el 7 de julio de 2024), https://elpais.com/mexico/2024-03-19/caso-ayotzinapa-y-la-impunidad-en-mexico.html.

el sistema judicial, lo que ha derivado en una profunda desconfianza pública hacia las instituciones encargadas de impartir justicia.[29]

El poder de los cárteles ha sido tal que, en numerosas ocasiones, han logrado corromper a jueces, fiscales y agentes de policía, quienes, bajo amenazas o sobornos, terminan colaborando con el crimen organizado. Esta situación ha generado una espiral de impunidad, donde los delitos relacionados con el narcotráfico rara vez son castigados adecuadamente, lo que fomenta una percepción de ineficacia y corrupción dentro del sistema judicial mexicano. La falta de confianza en las instituciones judiciales ha sido ampliamente documentada por diversas ONGs y académicos, quienes han señalado la necesidad de reformas profundas para restaurar la credibilidad y la funcionalidad del sistema judicial.[30]

Además, el fenómeno del narcotráfico ha contribuido significativamente a la percepción de México como un Estado fallido en ciertas regiones del país. La incapacidad del gobierno para controlar la violencia y asegurar el Estado de derecho en zonas dominadas por los cárteles ha llevado a una crisis de gobernabilidad. La violencia asociada al narcotráfico no solo ha cobrado miles de vidas, sino que también ha desplazado a comunidades enteras, creando un entorno de miedo y desestabilidad. En este contexto, la reforma judicial de 2024 se presenta no solo como una respuesta a la crisis de legitimidad del sistema judicial, sino también como un esfuerzo por fortalecer el

[29] Héctor Raúl Rubio Vela, "Evolución histórica del Poder Judicial de la Federación en México", *Revista Latinoamericana de Política Comparada* 12, no. 3 (2020): 85-112.

[30] Guillermo Zepeda, "Narcotráfico y corrupción en el sistema judicial mexicano". *Estudios de Derecho y Gobernanza* 22, no. 2 (2019): 45-67.

Estado de derecho y recuperar el control sobre territorios afectados por el narcotráfico.[31]

La presión internacional también ha jugado un papel decisivo en la motivación para llevar a cabo esta reforma. Diversos organismos internacionales y gobiernos extranjeros han expresado su preocupación por la situación de violencia y corrupción en México, señalando la necesidad de reformas estructurales que aborden de manera efectiva estos problemas. Informes y recomendaciones de entidades como la Organización de las Naciones Unidas y la Comisión Interamericana de Derechos Humanos han destacado la importancia de mejorar la independencia judicial, incrementar la transparencia y garantizar la protección de los derechos humanos en el proceso judicial.

Por último, el impacto del narcotráfico en la percepción de un Estado fallido ha sido un catalizador para la movilización social y la presión política que impulsaron la reforma judicial de 2024. La opinión pública, exacerbada por los medios de comunicación y las redes sociales, ha jugado un rol fundamental en la demanda de cambios estructurales. Los ciudadanos mexicanos, cansados de la violencia y la impunidad, han exigido de manera vehemente un sistema judicial que sea capaz de enfrentar el poder de los cárteles y restaurar la justicia en el país.[32]

La reforma judicial de 2024 en México responde a la necesidad urgente de enfrentar los desafíos impuestos por el narcotráfico y la percepción de un Estado fallido. Esta reforma busca restaurar la confianza en las insti-

---

[31] Organización de las Naciones Unidas (onu), "Informe sobre la situación de Derechos Humanos en México" (onu, 2021).

[32] Comisión Interamericana de Derechos Humanos (cidh), "Recomendaciones para el fortalecimiento del sistema judicial en México" (cidh, 2022).

tuciones judiciales, mejorar la eficacia en la lucha contra el crimen organizado y fortalecer el Estado de derecho, proporcionando una respuesta integral a una de las crisis más profundas que ha enfrentado el país en las últimas décadas.

Percepción generalizada de ineficiencia judicial

Aparte de la corrupción y la impunidad, la ineficiencia judicial es otro problema que ha alimentado la demanda de reforma. La burocracia excesiva, los procedimientos judiciales prolongados y la falta de recursos adecuados han contribuido a un sistema judicial que muchas veces es percibido como lento e inaccesible. Los ciudadanos enfrentan largos tiempos de espera para la resolución de sus casos, lo que desalienta la búsqueda de justicia y perpetúa la percepción de ineficacia del sistema.[33]

Influencia de la opinión pública y los medios de comunicación

La opinión pública, amplificada por los medios de comunicación y las redes sociales, ha sido un motor esencial para la movilización social y la presión política que han impulsado la reforma judicial. Los medios han jugado un papel crucial al exponer casos de corrupción y fallas judiciales, creando una narrativa de urgencia que ha movilizado a la ciudadanía y a diversos grupos de la sociedad civil. Las redes sociales han facilitado la difusión rápida

---

[33] "Ineficiencia judicial en México", *Revista Nexos* (consultado el 7 de julio de 2024), https://www.nexos.com.mx/?p=43029.

de información y la organización de movimientos sociales, amplificando las demandas de reforma y presionando a los legisladores para que actúen.[34]

Documentación de deficiencias por estudios académicos y ONGs

Estudios académicos y reportes de Organizaciones No Gubernamentales (ONGs) han documentado de manera exhaustiva las deficiencias del sistema judicial mexicano, proporcionando una base sólida para argumentar la necesidad de una reforma integral. Investigaciones realizadas por instituciones como el Centro de Investigación y Docencia Económicas (CIDE) y reportes de organizaciones como México Evalúa han resaltado la urgencia de mejorar la transparencia, la independencia judicial y la accesibilidad del sistema de justicia.[35] Dichos estudios han identificado patrones de corrupción, ineficiencia y falta de rendición de cuentas que requieren intervenciones estructurales para ser corregidos.

Las motivaciones para la reforma judicial de 2024 en México son múltiples y profundamente arraigadas en los problemas estructurales del sistema judicial. La corrupción, la impunidad y la ineficiencia judicial, combinadas con la presión de la opinión pública y el trabajo exhaustivo de académicos y organizaciones civiles, han creado

---

[34] "El papel de los medios en la reforma judicial", *Proceso*, 25 de abril de 2024 (consultado el 7 de julio de 2024),
https://www.proceso.com.mx/reportajes/2024/04/25/el-papel-de-los-medios-en-la-reforma-judicial.html.
[35] "Reforma judicial y el trabajo de México Evalúa", *México Evalúa* (consultado el 7 de julio de 2024), https://www.mexicoevalua.org/reforma-judicial-2024/.

un entorno propicio para la implementación de cambios significativos. La reforma busca no solo responder a estas demandas inmediatas, sino también establecer las bases para un sistema judicial más transparente, independiente y eficiente en el largo plazo.

Proceso de implementación

La implementación de la reforma judicial de 2024 ha sido un proceso complejo y multifacético, que involucra a múltiples actores y etapas. El proceso legislativo ha incluido debates intensos en el Congreso, consultas con expertos y organizaciones de la sociedad civil, y una serie de modificaciones a las propuestas iniciales. La reforma se ha centrado en varios ejes principales, relacionados con el fortalecimiento de la independencia judicial.

Fortalecimiento de la independencia judicial

El fortalecimiento de la independencia judicial es un pilar fundamental en esta reforma de 2024 en México. Este proceso implica la implementación de medidas que aseguren que los jueces y magistrados puedan ejercer sus funciones sin presiones indebidas de otros poderes del Estado, así como de actores externos, como el crimen organizado y grupos de interés económicos. A continuación, se detallan las estrategias clave para lograr este objetivo.

Reformas en el proceso de selección y nombramiento

Una de las medidas más críticas para fortalecer la independencia judicial es la reforma del proceso de selección y nombramiento de jueces y magistrados. Tradicionalmente, estos nombramientos han estado influenciados por intereses políticos, lo que ha comprometido la imparcialidad y autonomía de los funcionarios judiciales. La reforma propone la creación de un Consejo de la Judicatura independiente, responsable de la selección y el nombramiento de jueces, con base en méritos, competencias y un historial de integridad profesional.[36]

Este Consejo debe estar compuesto por miembros seleccionados mediante un proceso transparente y participativo, incluyendo representantes de la academia, la sociedad civil y otros profesionales del derecho, para asegurar que no haya predominancia de intereses partidistas. Además, se implementarán exámenes rigurosos y evaluaciones periódicas para garantizar que los jueces mantengan altos estándares de desempeño y ética profesional.[37]

Garantías constitucionales de inamovilidad

Otra medida fundamental es la garantía de inamovilidad de los jueces, establecida a nivel constitucional. Esta

[36] Carta Magna, "Evolución del Poder Judicial Federal en la Constitución Política de los Estados Unidos Mexicanos: de un poder pasivo a un poder proactivo", 171.
[37] Luis Jorge Garay Salamanca y Eduardo Salcedo-Albarán, *Narcotráfico, corrupción y Estados* (México: Debate, 2014).

garantía protege a los jueces de ser removidos arbitrariamente de sus puestos, lo cual es esencial para que puedan tomar decisiones basadas únicamente en la ley y no en presiones externas. La reforma incluye la creación de procedimientos claros y justos para la remoción de jueces, basados en faltas graves y sujetos a revisión por un órgano judicial superior, lo cual evitará despidos injustificados por razones políticas.[38]

Mejora de las condiciones laborales y salariales

Para que los jueces puedan desempeñar sus funciones con independencia, es crucial que cuenten con condiciones laborales dignas y salarios adecuados que reflejen la responsabilidad y el riesgo asociado a su trabajo. La reforma contempla un aumento en las remuneraciones y beneficios para los jueces, así como la implementación de programas de protección y seguridad personal, especialmente en regiones donde el crimen organizado tiene una presencia significativa.[39]

Transparencia y rendición de cuentas

La independencia judicial no debe confundirse con una falta de rendición de cuentas. La reforma considera medidas para mejorar la transparencia y la rendición de cuentas dentro del sistema judicial. Esto incluye la publicación de declaraciones patrimoniales de los jueces, au-

---

[38] ONU, "Informe".
[39] CIDH, "Recomendaciones".

ditorías periódicas y la creación de mecanismos para recibir y evaluar denuncias de corrupción y abuso de poder. Un sistema transparente y responsable no solo fortalece la independencia judicial, sino que también incrementa la confianza pública en el sistema de justicia.[40]

Educación y formación continua

La educación y la formación continua son esenciales para mantener la independencia y la integridad del poder judicial. La reforma establece programas de formación y actualización para jueces y magistrados, enfocados en la ética judicial, el derecho constitucional y los derechos humanos. Estos programas no solo mejoran las competencias profesionales, sino que también refuerzan el compromiso de los jueces con los principios de independencia y justicia.[41]

El fortalecimiento de la independencia judicial es un componente esencial de la reforma judicial de 2024 en México. Mediante la implementación de un proceso de selección y nombramiento basado en méritos; garantías de inamovilidad; mejoras en las condiciones laborales, y mecanismos de transparencia y rendición de cuentas, se busca crear un sistema judicial robusto y autónomo. Estas medidas, combinadas con programas de formación continua, aseguran que los jueces puedan operar sin presiones

---

[40] "Transparencia y rendición de cuentas en el sistema judicial", *México Evalúa* (consultado el 7 de julio de 2024), https://www.mexicoevalua.org/reforma-judicial-2024/.

[41] "Educación y formación continua para jueces", *Centro de Investigación y Docencia Económicas* (consultado el 7 de julio de 2024), https://www.cide.edu/educacion-continua/jueces.

indebidas y con un firme compromiso con la justicia y la legalidad.

Publicación de declaraciones patrimoniales

Una de las primeras medidas para aumentar la transparencia es la obligatoriedad de que todos los jueces y magistrados publiquen sus declaraciones patrimoniales. Esta medida busca prevenir conflictos de interés y detectar posibles actos de corrupción. La publicación de estas declaraciones permite que la sociedad civil y los organismos de control puedan monitorear el patrimonio de los funcionarios judiciales, para asegurar que no exista un enriquecimiento ilícito durante su mandato.[42]

Acceso público a las sentencias judiciales

La reforma establece que todas las sentencias judiciales sean de acceso público, salvo en casos excepcionales donde se deban proteger derechos fundamentales o la privacidad de las partes involucradas. La publicación de las sentencias permite un escrutinio público de las decisiones judiciales, lo que fomenta una mayor transparencia y facilita el análisis académico y de las organizaciones de la sociedad civil. Esto no solo mejora la rendición de

---

[42] "Mapeo de buenas prácticas de sistemas automatizados de verificación del contenido de declaraciones patrimoniales", Secretaría Ejecutiva SNA, 13 de marzo de 2024,
https://www.sesna.gob.mx/2024/03/13/mapeo-de-buenas-practicas-de-sistemas-automatizados-de-verificacion-del-contenido-de-declaraciones-patrimoniales/.

cuentas, sino que también contribuye a la coherencia y la predictibilidad del sistema judicial.[43]

Auditorías y evaluaciones periódicas

Se implementarán auditorías y evaluaciones periódicas de las actividades judiciales, llevadas a cabo por organismos independientes. Estas auditorías revisarán el desempeño de los jueces, el uso de los recursos y la implementación de las políticas judiciales. Los resultados de estas evaluaciones se harán públicos y se utilizarán para mejorar continuamente el sistema judicial. Además, se establecerán mecanismos para que los ciudadanos puedan presentar quejas y denuncias contra jueces y magistrados, las cuales serán investigadas de manera imparcial y transparente.[44]

Fortalecimiento de la Oficina de Control Interno

La reforma contempla el fortalecimiento de la Oficina de Control Interno del Poder Judicial, dotándola de mayor autonomía y recursos para llevar a cabo investigaciones internas de manera efectiva. Esta oficina será responsable de investigar denuncias de corrupción, abuso de poder y otras irregularidades dentro del sistema judicial. Para garantizar su independencia, sus miembros serán selec-

---

[43] "Transparencia y rendición de cuentas".
[44] CIDH, "Recomendaciones".

cionados a través de un proceso transparente y estarán sujetos a controles estrictos de integridad.[45]

Participación de la sociedad civil y la academia

La reforma fomenta la participación de la sociedad civil y la academia en la supervisión del sistema judicial. Se crearán comités consultivos compuestos por representantes de organizaciones no gubernamentales, universidades y otros actores relevantes, que colaborarán con el Consejo de la Judicatura y otros organismos judiciales. Estos comités podrán realizar recomendaciones y monitorear la implementación de las políticas judiciales, para asegurar una mayor transparencia y rendición de cuentas.[46]

Uso de tecnologías de la información

La implementación de tecnologías de la información es crucial para mejorar la transparencia y la rendición de cuentas en el sistema judicial. La digitalización de los expedientes judiciales, la creación de plataformas en línea para el seguimiento de casos y la transmisión en vivo de audiencias son algunas de las medidas propuestas. Estas herramientas permiten un acceso más amplio y eficiente a la información judicial, pues facilitan la participación ciudadana y el control público.[47]

---

[45] ONU, "Informe".
[46] Vela, "Evolución histórica", 85-112.
[47] "Educación y formación continua para jueces".

La implementación de mecanismos para aumentar la transparencia y la rendición de cuentas es esencial para fortalecer la independencia y la integridad del sistema judicial en México. La reforma judicial de 2024, a través de medidas como la publicación de declaraciones patrimoniales, el acceso público a las sentencias, auditorías periódicas, el fortalecimiento de la Oficina de Control Interno, la participación de la sociedad civil y el uso de tecnologías de la información, busca construir un sistema judicial más transparente, responsable y confiable. Estas acciones no solo responden a la demanda ciudadana de una justicia más accesible y justa, sino que también contribuyen a la consolidación del Estado de derecho en el país.

Impactos preliminares

Aunque es temprano para evaluar completamente los impactos de la reforma judicial de 2024, se pueden identificar algunos efectos preliminares:

- *Mejoras en la percepción pública.* Las encuestas iniciales sugieren que hay una mejora en la percepción pública del sistema judicial, aunque persisten algunas dudas sobre la implementación efectiva de las reformas.
- *Casos emblemáticos.* Se han observado avances en la resolución de casos emblemáticos de corrupción y abuso de poder, lo que sugiere una mayor eficacia en la administración de justicia.
- *Desafíos continuos.* A pesar de los avances, persisten desafíos significativos, que incluyen la resistencia al cambio dentro del propio

sistema judicial y la necesidad de recursos adicionales para implementar completamente las reformas.

La reforma judicial de 2024 en México representa un esfuerzo audaz y necesario para abordar problemas estructurales de larga data en el sistema judicial del país. La influencia de la opinión pública ha sido un factor crucial en la movilización de esta reforma; en este sentido, destaca la importancia de la participación ciudadana en la configuración de políticas públicas. Sin embargo, el éxito de esta reforma dependerá en gran medida de la capacidad de las autoridades para superar los desafíos de implementación y asegurar que las reformas conduzcan a una justicia más transparente, independiente y eficiente.

9. ANÁLISIS CRÍTICO DE LA REFORMA JUDICIAL 2024 EN MÉXICO

Contexto histórico y motivaciones

La reforma judicial de 2024 se ha desarrollado en un contexto marcado por una profunda insatisfacción ciudadana con el desempeño del sistema judicial en México. Durante décadas, diversos escándalos de corrupción y casos emblemáticos de impunidad han erosionado la confianza pública en la justicia. La percepción de una ineficiencia generalizada, amplificada por los medios de comunicación y las redes sociales, ha catalizado una demanda social y política por cambios estructurales profundos.

Estudios académicos y reportes de ONGs han documentado exhaustivamente las deficiencias del sistema judicial mexicano, subrayando la urgencia de mejorar la transparencia, la independencia judicial y la accesibilidad al sistema de justicia. Estas investigaciones han proporcionado una base sólida para argumentar la necesidad de una reforma integral, destacando la necesidad de crear un entorno en el cual los jueces y magistrados puedan operar sin presiones indebidas de otros poderes del Estado.

El tema del narcotráfico y el concepto de un Estado fallido en México también han sido motivaciones decisivas para la reforma judicial. La infiltración del crimen organizado en las instituciones judiciales ha socavado la efectividad del sistema de justicia, lo cual se ha convertido en un obstáculo significativo para la gobernabilidad y la seguridad pública. La incapacidad del sistema judicial para procesar eficazmente a los actores criminales ha fomentado una cultura de impunidad que fortalece a las organizaciones delictivas y debilita la autoridad del Estado.

Implementación de la reforma

Uno de los pilares fundamentales de la reforma ha sido el fortalecimiento de la independencia judicial. Para asegurar que los jueces y magistrados operen sin presiones indebidas, se han implementado varias medidas estratégicas. Estas incluyen la revisión de los procesos de nombramiento y promoción, la garantía de salarios competitivos y la provisión de seguridad para los funcionarios judiciales. Además, se han establecido mecanismos para la evaluación periódica del desempeño judicial, con el fin de garantizar que las decisiones se tomen con base en la ley y no en intereses externos.

Análisis

Transparencia y rendición de cuentas

Otro aspecto crucial ha sido la transparencia y la rendición de cuentas. La implementación de mecanismos para aumentar la transparencia en los procesos judiciales es esencial para restaurar la confianza pública. Esto incluye la publicación de sentencias y decisiones judiciales; la transparencia en los procesos de selección y nombramiento de jueces, y la creación de plataformas accesibles donde los ciudadanos puedan monitorear el desempeño de los tribunales. Además, se han establecido procedimientos claros para responsabilizar a los actores judiciales por actos de corrupción o mal desempeño, lo cual incluye la creación de organismos independientes encargados de la supervisión y sanción de conductas indebidas.

Aunque la reforma judicial de 2024 representa un paso significativo hacia la mejora del sistema de justicia en México, su éxito dependerá en gran medida de la implementación efectiva de las medidas propuestas. La independencia judicial, aunque fundamental, enfrenta desafíos significativos en un contexto donde las influencias políticas y económicas están profundamente arraigadas. La transparencia y la rendición de cuentas son esenciales, pero requieren un compromiso continuo y una vigilancia constante para evitar que se conviertan en meras formalidades.

Combate al narcotráfico y la corrupción

El combate al narcotráfico y la corrupción dentro del sistema judicial es quizás el reto más formidable. La reforma necesita abordar no solo los síntomas, sino también las causas profundas de la infiltración del crimen organizado en las instituciones judiciales. Esto implica no solo medidas punitivas, sino también políticas de prevención y fortalecimiento institucional.

El fortalecimiento de la independencia judicial es esencial, pero también es necesario asegurar que los jueces y magistrados no estén aislados del escrutinio público y de la responsabilidad. Las medidas de transparencia y rendición de cuentas deben ser implementadas con rigor y consistencia, para garantizar que los actores judiciales se adhieran a los más altos estándares de conducta ética y profesional.

La participación de la sociedad civil es crucial para el éxito de la reforma. Las organizaciones de la sociedad civil, los medios de comunicación y los ciudadanos deben desempeñar un papel activo en el monitoreo y la evaluación del sistema judicial, para asegurar que las reformas se implementen de manera efectiva y que se logren los objetivos de mejorar la transparencia, la independencia y la eficiencia del sistema de justicia.

En conclusión, la reforma judicial de 2024 es una respuesta necesaria a la crisis de confianza y efectividad del sistema judicial mexicano. Sin embargo, su éxito dependerá de la voluntad política, la colaboración interinstitucional y el apoyo continuo de la sociedad civil para transformar verdaderamente el panorama de la justicia en México.

10. CONCLUSIONES GENERALES

La reforma judicial de 2024 en México representa un hito en la historia del sistema judicial del país, impulsada en gran medida por la presión de la opinión pública y la necesidad de restaurar la confianza en las instituciones judiciales. Este estudio de caso ha permitido analizar de manera crítica los múltiples factores que han influido en la concepción, diseño e implementación de la reforma, destacando tanto los logros alcanzados, como los desafíos persistentes.

Logros de la reforma

Uno de los logros más notables de la reforma ha sido el fortalecimiento de la independencia judicial. Las medidas implementadas para asegurar que los jueces y magistrados operen sin presiones indebidas de otros poderes del Estado son esenciales para la imparcialidad y eficacia del sistema de justicia. La reforma ha introducido procesos de nombramiento más transparentes y evaluaciones periódicas del desempeño judicial, lo que contribuye a una mayor confianza pública en la justicia.

La implementación de mecanismos para aumentar la transparencia y la rendición de cuentas también ha sido un avance significativo. La publicación de sentencias y decisiones judiciales, junto con la creación de plataformas accesibles para monitorear el desempeño de los tribunales, ha mejorado la visibilidad y la responsabilidad de los actores judiciales. Estos esfuerzos son fundamentales para combatir la percepción de corrupción y promover una cultura de integridad en el sistema judicial.

Desafíos persistentes

A pesar de estos avances, la reforma enfrenta desafíos significativos que requieren atención continua. La independencia judicial, aunque fortalecida, sigue siendo vulnerable a las influencias políticas y económicas profundamente arraigadas en el contexto mexicano. Es necesario un compromiso sostenido para garantizar que los jueces y magistrados puedan ejercer sus funciones sin interferencias indebidas.

El combate al narcotráfico y la corrupción dentro del sistema judicial sigue siendo uno de los retos más formidables. La infiltración del crimen organizado en las instituciones judiciales no puede abordarse únicamente con medidas punitivas; se requieren políticas de prevención y fortalecimiento institucional que aborden las causas subyacentes de esta infiltración. Esto incluye mejorar las condiciones laborales y la seguridad de los funcionarios judiciales, así como promover una cultura de ética y profesionalismo.

Impacto de la opinión pública

Este estudio ha demostrado que la opinión pública juega un papel crucial en la configuración de políticas públicas y reformas significativas. La presión social y política, amplificada por los medios de comunicación y las redes sociales, fue un motor esencial para la movilización que impulsó la reforma judicial de 2024. La participación de la sociedad civil es indispensable para el monitoreo y la evaluación continua del sistema judicial, pues asegura que las reformas se implementen de manera efectiva y que se logren los objetivos de mejorar la transparencia, la independencia y la eficiencia del sistema de justicia.

Conclusión

En conclusión, la reforma judicial de 2024 en México es un paso necesario y significativo hacia la mejora del sistema de justicia. Sin embargo, su éxito dependerá de la voluntad política, la colaboración interinstitucional y el apoyo continuo de la sociedad civil. La implementación efectiva de las medidas propuestas, junto con un compromiso sostenido para abordar los desafíos persistentes, es esencial para transformar verdaderamente el panorama de la justicia en México. Este estudio de caso ha proporcionado una visión crítica y detallada de estos procesos, la cual ofrece lecciones valiosas para futuros esfuerzos de reforma en otras jurisdicciones.

11. REFERENCIAS

Abrams, P., A. Gupta y T. Mitchell. *Antropología del Estado*. México: FCE, 2015.

Armesto, A., y J. Olmeda. "Estrategias de interacción ejecutivo-legislativo y patronazgo político subnacional en México". En *Poderes y democracias. La política subnacional en México*, editado por N. Loza y I. Méndez, 93-112. México: Flacso México/ IEDF, 2016.

Banco de México. "Informe económico trimestral: primer trimestre de 2024". Banco de México. https:// www.oecd.org/en/topics/sub-issues/economic-surveys/mexico-economic-snapshot.html.

Buscaglia, E. "Deficiencias principales en los sistemas de justicia: propuestas de medidas correctoras". En *El sistema de justicia penal y su reforma. Teoría y práctica*, 2a. ed. corregida, editado por S. González, E. Mendieta, E. Buscaglia y M. Moreno, 187-207. México: Fontamara, 2006.

Cámara de Diputados. "Reforma, adiciona y deroga diversas disposiciones de la Constitución Política de los Estados Unidos Mexicanos, en materia de reforma del Poder Judicial. Presentada por el Ejecutivo Federal". Publicado el 5 de febrero de 2024. Gaceta Parlamentaria. https://gaceta.diputados.gob.mx/PDF/65/2024/feb/20240205-15.pdf#page=2. Published 5 de febrero de 2024.

Carta Magna. "Evolución del Poder Judicial Federal en la Constitución Política de los Estados Unidos Mexicanos: de un poder pasivo a un poder proactivo". 171.

Carvajal Martínez, Jorge Enrique, Carlos Arturo Hernández Díaz y José Eduardo Rodríguez Martínez. "La corrupción y la corrupción judicial: Aportes para el debate". *Prolegómenos* 22, no. 44 (2019): 67-82.

"Caso Ayotzinapa y la impunidad en México". *El País* (consultado el 7 de julio de 2024). https://elpais.com/mexico/2024-03-19/caso-ayotzinapa-y-la-im-punidad-en-mexico.html.

Comisión Interamericana de Derechos Humanos (CIDH). "Recomendaciones para el fortalecimiento del sistema judicial en México". CIDH, 2022.

Corrales Mejías R. *Impacto de las redes sociales sobre la participación ciudadana en procesos electorales y la democracia: caso de Costa Rica.* Buenos Aires: clacso, 2015. https://biblioteca.clacso.edu.ar/clacso/becas/20150708062655/Impacto_Redes_Sociales.pdf. Published 2015.

"Corrupción y la crisis de confianza en México". *El Financiero* (consultado el 7 de julio de 2024). https://www.elfinanciero.com.mx/nacional/corrupcion-y-crisis-de-confianza-en-mexico/.

"Educación y formación continua para jueces". *Centro de Investigación y Docencia Económicas* (consultado el 7 de julio de 2024). https://www.cide.edu/

educacion-continua/jueces.

Fix-Fierro, Héctor. "La Reforma Judicial en México: ¿De dónde viene? ¿Hacia dónde va?" *Reforma Judicial. Revista Mexicana de Justicia*, número 2 (2003): 252-253. https://repositorio.unam.mx/contenidos/22284.

Gadea Barberena, Gunter. "El papel de la opinión pública en la definición de la agenda política mexicana: Caso Reforma". Tesis de maestría, Universidad Iberoamericana Ciudad de México. Departamento de Comunicación, 2005.

Garay Salamanca, Luis Jorge y Eduardo Salcedo-Albarán. *Narcotráfico, corrupción y Estados*. México: Debate, 2014.

"Ineficiencia judicial en México". *Revista Nexos* (consultado el 7 de julio de 2024). https://www.nexos.com.mx/?p=43029.

López Contreras, Felipe. *Evolución Histórica del Poder Judicial de la Federación*. México: Suprema Corte de Justicia de la Nación, 2004.

López González, Silvia Patricia. "Reforma judicial en México: ¿y todo para qué?" *Derecho Global. Estudios sobre Derecho y Justicia* 9, número 27 (julio-octubre 2024): 2448-5136.

"Mapeo de buenas prácticas de sistemas automatizados de verificación del contenido de declaraciones patrimoniales". Secretaría Ejecutiva SNA, 13 de marzo de 2024. https://www.sesna.gob.mx/2024/03/13/mapeo-de-buenas-practicas-de-sistemas-automatizados-de-verificacion-del-contenido-de-declaraciones-patrimoniales/.

Morales Castillo, Rodrigo y Jorge A. Schiavon. "El efecto de la opinión pública en la política exterior de México: contrastando las teorías realistas y liberales." *Foro internacional* 55, no. 3 (2015): 669-706.

Negretto, Gabriel L., ed. *Debatiendo la reforma política: Claves del cambio institucional en México*. Vol. 7. CIDE, 2014.

OECD. *OECD Economic Surveys: Mexico 2024*. Paris: OECD, 2024. https://doi.org/10.1787/b8d974db-en.

OECD. "Resumen ejecutivo - México 2024". Issuu, 27 de febrero de 2024. https://issuu.com/oecd.publishing/docs/mexico_brochure_2024_sp.

Organización de las Naciones Unidas (ONU). "Informe sobre la situación de Derechos Humanos en México". ONU, 2021.

"El papel de los medios en la reforma judicial", *Proceso*, 25 de abril de 2024 (consultado el 7 de julio de 2024). https://www.proceso.com.mx/reportajes/2024/04/25/el-papel-de-los-medios-en-la-reforma-judicial.html.

Presidencia de la República. "Reforma al Poder Judicial. Gobierno de México". Publicado el 12 de febrero de 2024. https://www.gob.mx/cms/uploads/attachment/file/892010/REFORMA_AL_PODER_JUDICIAL__2_CS.pdf. Published 12 de febrero de 2024.

"Reforma judicial y el trabajo de México Evalúa". *México Evalúa* (consultado el 7 de julio de 2024). https://www.mexicoevalua.org/reforma-judicial-2024/.

Ruiz Morales, Guillermo y Alberto Rocha Arrieta. "La reforma al Poder Judicial de 1994, ¿un golpe de Estado?" *El Cotidiano*, núm. 172 (marzo-abril de 2012): 18-31.

Secretaría de Gobernación. Comisión Ayotzinapa. "Comisión para la verdad y acceso a la justicia del caso Ayotzinapa". https://comisionayotzinapa.segob. gob.mx/.

"Transparencia y rendición de cuentas en el sistema judicial". *México Evalúa* (consultado el 7 de julio de 2024). https://www.mexicoevalua.org/ reforma-judicial-2024/.

Vela, Héctor Raúl Rubio. "Evolución histórica del Poder Judicial de la Federación en México". *Revista Latinoamericana de Política Comparada* 12, no. 3 (2020): 85-112.

Velázquez Flores, Rafael y Jorge A. Schiavon. *La incidencia de la opinión pública en la política exterior de México: Teoría y realidad*. México: Centro de Investigación y Docencia Económicas (CIDE), 2010.

Zepeda, Guillermo. "Narcotráfico y corrupción en el sistema judicial mexicano". *Estudios de Derecho y Gobernanza* 22, no. 2 (2019): 45-67.

www.ingramcontent.com/pod-product-compliance
Lightning Source LLC
Chambersburg PA
CBHW061441160726
47995CB00003B/990